Verstehen und Trainieren 3

Grundlegung des Blitzrechnens

von Erich Ch. Wittmann und Gerhard N. Müller

Ernst Klett Verlag
Stuttgart · Leipzig

Verdoppeln im Hunderter

1 a)

$$30 + 30 = \underline{\quad}$$
$$4 + 4 = \underline{\quad}$$
$$34 + 34 = \underline{\quad}$$

b)

$$40 + 40 = \underline{\quad}$$
$$5 + 5 = \underline{\quad}$$
$$45 + 45 = \underline{\quad}$$

c)

$$20 + 20 = \underline{\quad}$$
$$7 + 7 = \underline{\quad}$$
$$27 + 27 = \underline{\quad}$$

2 a)

$$40 + 40 = \underline{\quad}$$
$$3 + 3 = \underline{\quad}$$
$$43 + 43 = \underline{\quad}$$

b)

$$20 + 20 = \underline{\quad}$$
$$5 + 5 = \underline{\quad}$$
$$25 + 25 = \underline{\quad}$$

c)

$$30 + 30 = \underline{\quad}$$
$$6 + 6 = \underline{\quad}$$
$$36 + 36 = \underline{\quad}$$

3

Zahl	10	15	20	25	30	35	40	45	50	55
das Doppelte										

4

Zahl	7	17	27	37	47	48	38	28	18	8
das Doppelte										

5

Zahl	10	9	20	19	30	29	40	39	50	49
das Doppelte										

6

Zahl	2	4	8	16	32	3	6	12	24	48
das Doppelte										

7

Zahl	6	11	16	21	26	29	34	39	44	49
das Doppelte										

Schriftliche Grundlegung der Blitzrechenübung „Verdoppeln im Hunderter".

Halbieren im Hunderter

1 a) 40 = <u>20</u> + <u>20</u>   b) 50 = ___ + ___
      8 = <u>4</u> + <u>4</u>
   48 = ___ + ___

c) 60 = ___ + ___   d) 50 = ___ + ___
    4 = ___ + ___   6 = ___ + ___
  64 = ___ + ___   56 = ___ + ___

e) 80 = ___ + ___   f) 70 = ___ + ___
    6 = ___ + ___   2 = ___ + ___
  86 = ___ + ___   72 = ___ + ___

2

Zahl	20	26	40	46	60	66	80	86	100	96
die Hälfte										

3

Zahl	16	36	56	76	96	94	74	54	34	14
die Hälfte										

4

Zahl	100	98	80	78	60	58	40	38	20	18
die Hälfte										

5

Zahl	4	8	16	32	64	96	48	24	12	6
die Hälfte										

6

Zahl	12	34	56	78	100	72	58	44	30	16
die Hälfte										

Einmaleins

1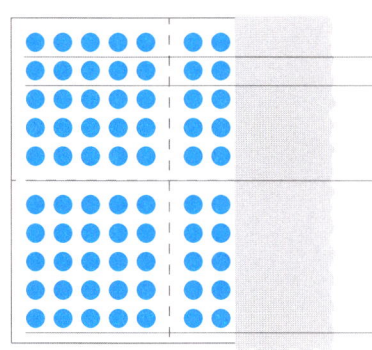

$1 \cdot 7 =$ ____ $3 \cdot 7 =$ ____

$2 \cdot 7 =$ ____ $4 \cdot 7 =$ ____

$5 \cdot 7 =$ ____ $6 \cdot 7 =$ ____

$7 \cdot 7 =$ ____

$8 \cdot 7 =$ ____

$9 \cdot 7 =$ ____

$10 \cdot 7 =$ ____

2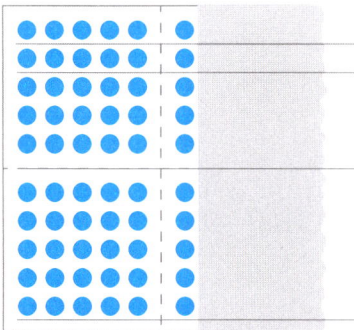

$1 \cdot 6 =$ ____ $3 \cdot 6 =$ ____

$2 \cdot 6 =$ ____ $4 \cdot 6 =$ ____

$5 \cdot 6 =$ ____ $6 \cdot 6 =$ ____

$7 \cdot 6 =$ ____

$8 \cdot 6 =$ ____

$9 \cdot 6 =$ ____

$10 \cdot 6 =$ ____

3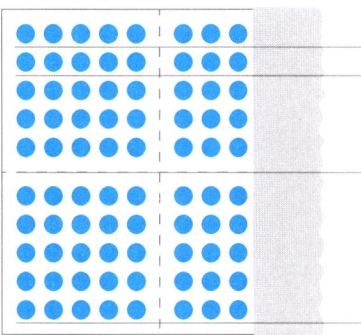

$1 \cdot 8 =$ ____ $3 \cdot 8 =$ ____

$2 \cdot 8 =$ ____ $4 \cdot 8 =$ ____

$5 \cdot 8 =$ ____ $6 \cdot 8 =$ ____

$7 \cdot 8 =$ ____

$8 \cdot 8 =$ ____

$9 \cdot 8 =$ ____

$10 \cdot 8 =$ ____

4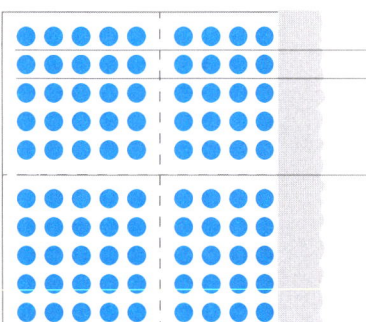

$1 \cdot 9 =$ ____ $3 \cdot 9 =$ ____

$2 \cdot 9 =$ ____ $4 \cdot 9 =$ ____

$5 \cdot 9 =$ ____ $6 \cdot 9 =$ ____

$7 \cdot 9 =$ ____

$8 \cdot 9 =$ ____

$9 \cdot 9 =$ ____

$10 \cdot 9 =$ ____

Ableitung von Ergebnissen aus den Ergebnissen der einfachen Kernaufgaben. Aufgaben ggf. mit Hunderterfeld und Abdeck-winkel schrittweise nachvollziehen.

Einmaleins

1 a) **5 · 2** = _____ b) **5 · 3** = _____ c) **5 · 4** = _____ d) **5 · 6** = _____ e) **5 · 7** = _____
     4 · 2 = _____   4 · 3 = _____   4 · 4 = _____   4 · 6 = _____   4 · 7 = _____
     6 · 2 = _____   6 · 3 = _____   6 · 4 = _____   6 · 6 = _____   6 · 7 = _____

   f) **5 · 8** = _____ g) **5 · 9** = _____ h) **5 · 10** = _____ i) **5 · 5** = _____ j) **5 · 1** = _____
     4 · 8 = _____   4 · 9 = _____   4 · 10 = _____   4 · 5 = _____   4 · 1 = _____
     6 · 8 = _____   6 · 9 = _____   6 · 10 = _____   6 · 5 = _____   6 · 1 = _____

2 a) **10 · 2** = _____ b) **10 · 3** = _____ c) **10 · 4** = _____ d) **10 · 6** = _____ e) **10 · 7** = _____
     9 · 2 = _____   9 · 3 = _____   9 · 4 = _____   9 · 6 = _____   9 · 7 = _____
     8 · 2 = _____   8 · 3 = _____   8 · 4 = _____   8 · 6 = _____   8 · 7 = _____

   f) **10 · 8** = _____ g) **10 · 9** = _____ h) **10 · 10** = _____ i) **10 · 5** = _____ j) **10 · 1** = _____
     9 · 8 = _____   9 · 9 = _____   9 · 10 = _____   9 · 5 = _____   9 · 1 = _____
     8 · 8 = _____   8 · 9 = _____   8 · 10 = _____   8 · 5 = _____   8 · 1 = _____

3 a) **2 · 2** = _____ b) **2 · 3** = _____ c) **2 · 4** = _____ d) **2 · 6** = _____ e) **2 · 7** = _____
     3 · 2 = _____   3 · 3 = _____   3 · 4 = _____   3 · 6 = _____   3 · 7 = _____
     4 · 2 = _____   4 · 3 = _____   4 · 4 = _____   4 · 6 = _____   4 · 7 = _____

   f) **2 · 8** = _____ g) **2 · 9** = _____ h) **2 · 10** = _____ i) **2 · 5** = _____ j) **2 · 1** = _____
     3 · 8 = _____   3 · 9 = _____   3 · 10 = _____   3 · 5 = _____   3 · 1 = _____
     4 · 8 = _____   4 · 9 = _____   4 · 10 = _____   4 · 5 = _____   4 · 1 = _____

4 a) **5 · 4** = _____ b) **5 · 6** = _____ c) **5 · 7** = _____ d) **5 · 8** = _____ e) **5 · 9** = _____
     2 · 4 = _____   2 · 6 = _____   2 · 7 = _____   2 · 8 = _____   2 · 9 = _____
     7 · 4 = _____   7 · 6 = _____   7 · 7 = _____   7 · 8 = _____   7 · 9 = _____

   f) **5 · 3** = _____ g) **5 · 5** = _____ h) **5 · 2** = _____ i) **5 · 10** = _____ j) **5 · 1** = _____
     2 · 3 = _____   2 · 5 = _____   2 · 2 = _____   2 · 10 = _____   2 · 1 = _____
     7 · 3 = _____   7 · 5 = _____   7 · 2 = _____   7 · 10 = _____   7 · 1 = _____

Wiederholung des Einmaleins mit eingebauten Mustern.

Einmaleins umgekehrt

1 a)

$3 \cdot 8 = \underline{24}$
$\underline{24} : 3 = \underline{\hphantom{00}}$
$\underline{24} : 8 = \underline{\hphantom{00}}$

·	8
3	24

b)

$4 \cdot 5 = \underline{\hphantom{00}}$
$\underline{\hphantom{00}} : 4 = \underline{\hphantom{00}}$
$\underline{\hphantom{00}} : 5 = \underline{\hphantom{00}}$

·	5
4	

2 a)

·	3
5	15

$5 \cdot 3 = \underline{15}$
$\underline{15} : 3 = \underline{\hphantom{00}}$
$\underline{15} : 5 = \underline{\hphantom{00}}$

b)

·	5
7	

$7 \cdot 5 = \underline{\hphantom{00}}$
$\underline{\hphantom{00}} : 5 = \underline{\hphantom{00}}$
$\underline{\hphantom{00}} : 7 = \underline{\hphantom{00}}$

3 a)

·	9
6	

$6 \cdot 9 = \underline{\hphantom{00}}$
$\underline{\hphantom{00}} : 6 = \underline{\hphantom{00}}$
$\underline{\hphantom{00}} : 9 = \underline{\hphantom{00}}$

b)

·	9
2	

$2 \cdot 9 = \underline{\hphantom{00}}$
$\underline{\hphantom{00}} : 2 = \underline{\hphantom{00}}$
$\underline{\hphantom{00}} : 9 = \underline{\hphantom{00}}$

4 a)

·	9
	36

$\underline{\hphantom{00}} \cdot 9 = 36$
$36 : 9 = \underline{\hphantom{00}}$
$36 : \underline{\hphantom{00}} = 9$

b)

·	
5	40

$5 \cdot \underline{\hphantom{00}} = 40$
$40 : 5 = \underline{\hphantom{00}}$
$40 : \underline{\hphantom{00}} = 5$

5 a)

·	
7	21

$7 \cdot \underline{\hphantom{00}} = 21$
$21 : 7 = \underline{\hphantom{00}}$
$21 : \underline{\hphantom{00}} = 7$

b)

·	6
	42

$\underline{\hphantom{00}} \cdot 6 = 42$
$42 : 6 = \underline{\hphantom{00}}$
$42 : \underline{\hphantom{00}} = 6$

6 a)

·	
4	36

b)

·	
5	45

c)

·	7
	63

d)

·	
8	72

7 a)

·	5
	25

b)

·	
6	36

c)

·	
7	49

d)

·	
4	16

Schriftliche Grundlegung der Blitzrechenübung „Einmaleins umgekehrt" mit multiplikativer Probe.

Einmaleins, auch umgekehrt

1
a) $12 : 3 =$ ____
$12 : 4 =$ ____
$3 \cdot 4 =$ ____
$3 \cdot 5 =$ ____
$15 : 3 =$ ____

b) $27 : 3 =$ ____
$27 : 9 =$ ____
$3 \cdot 9 =$ ____
$4 \cdot 7 =$ ____
$28 : 4 =$ ____

c) $7 \cdot 8 =$ ____
$56 : 8 =$ ____
$56 : 7 =$ ____
$6 \cdot 9 =$ ____
$6 \cdot 8 =$ ____

d) $5 \cdot 3 =$ ____
$4 \cdot 4 =$ ____
$16 : 4 =$ ____
$16 : 2 =$ ____
$8 \cdot 2 =$ ____

e) $20 : 4 =$ ____
$20 : 2 =$ ____
$4 \cdot 5 =$ ____
$4 \cdot 6 =$ ____
$24 : 8 =$ ____

2
a) $48 : 8 =$ ____
$42 : 7 =$ ____
$36 : 6 =$ ____
$7 \cdot 6 =$ ____
$8 \cdot 6 =$ ____

b) $80 : 10 =$ ____
$81 : 9 =$ ____
$9 \cdot 9 =$ ____
$9 \cdot 8 =$ ____
$9 \cdot 7 =$ ____

c) $60 : 6 =$ ____
$9 \cdot 6 =$ ____
$48 : 6 =$ ____
$7 \cdot 6 =$ ____
$36 : 6 =$ ____

d) $7 \cdot 10 =$ ____
$63 : 7 =$ ____
$56 : 7 =$ ____
$4 \cdot 7 =$ ____
$8 \cdot 7 =$ ____

e) $2 : 1 =$ ____
$4 : 2 =$ ____
$8 : 4 =$ ____
$16 : 4 =$ ____
$4 \cdot 4 =$ ____

3
a) $3 \cdot 3 =$ ____
$8 : 2 =$ ____
$4 \cdot 4 =$ ____
$15 : 3 =$ ____
$5 \cdot 5 =$ ____

b) $6 \cdot 6 =$ ____
$35 : 7 =$ ____
$49 : 7 =$ ____
$7 \cdot 7 =$ ____
$48 : 6 =$ ____

c) $9 \cdot 7 =$ ____
$8 \cdot 8 =$ ____
$72 : 8 =$ ____
$9 \cdot 9 =$ ____
$80 : 8 =$ ____

d) $9 : 9 =$ ____
$18 : 9 =$ ____
$2 \cdot 8 =$ ____
$4 \cdot 8 =$ ____
$36 : 4 =$ ____

e) $24 : 6 =$ ____
$4 \cdot 5 =$ ____
$20 : 5 =$ ____
$15 : 5 =$ ____
$3 \cdot 8 =$ ____

4
a) $9 : 3 =$ ____
$27 : 3 =$ ____
$81 : 9 =$ ____
$3 \cdot 3 =$ ____
$9 \cdot 9 =$ ____

b) $10 : 2 =$ ____
$20 : 4 =$ ____
$30 : 6 =$ ____
$5 \cdot 6 =$ ____
$5 \cdot 2 =$ ____

c) $12 : 6 =$ ____
$24 : 6 =$ ____
$36 : 6 =$ ____
$4 \cdot 6 =$ ____
$2 \cdot 6 =$ ____

d) $14 : 2 =$ ____
$28 : 7 =$ ____
$42 : 6 =$ ____
$7 \cdot 2 =$ ____
$4 \cdot 7 =$ ____

e) $15 : 5 =$ ____
$30 : 5 =$ ____
$45 : 5 =$ ____
$6 \cdot 5 =$ ____
$9 \cdot 5 =$ ____

5
a) $16 : 4 =$ ____
$32 : 4 =$ ____
$48 : 6 =$ ____
$8 \cdot 4 =$ ____
$4 \cdot 4 =$ ____

b) $18 : 9 =$ ____
$36 : 9 =$ ____
$54 : 9 =$ ____
$4 \cdot 9 =$ ____
$2 \cdot 9 =$ ____

c) $20 : 5 =$ ____
$40 : 5 =$ ____
$60 : 6 =$ ____
$8 \cdot 5 =$ ____
$10 \cdot 6 =$ ____

d) $21 : 7 =$ ____
$42 : 7 =$ ____
$63 : 7 =$ ____
$3 \cdot 7 =$ ____
$6 \cdot 7 =$ ____

e) $24 : 3 =$ ____
$48 : 6 =$ ____
$72 : 9 =$ ____
$8 \cdot 6 =$ ____
$8 \cdot 3 =$ ____

Schriftliche Grundlegung der Blitzrechenübung „Einmaleins, auch umgekehrt" mit eingebauten Beziehungen.

7

Welche Zahl?

Stelle jede Zahl auf drei Arten dar: durch eine Zeichnung, in der Stellentafel mit Plättchen und in der Stellentafel mit Ziffern.

1

H	Z	E	H	Z	E
⠂	⠼	·	3	4	1

2

H	Z	E	H	Z	E

3

H	Z	E	H	Z	E
			4	7	2

4

H	Z	E	H	Z	E

5

H	Z	E	H	Z	E
⠂	⠦	⠿			

6

H	Z	E	H	Z	E
			5	0	8

7

H	Z	E	H	Z	E
·	⠦	⠿			

Unterschiedliche Zahldarstellungen koordinieren. Dabei genau auf die Stellenwerte achten.

Welche Zahl?

Stelle jede Zahl auf drei Arten dar: durch eine Zeichnung, in der Stellentafel mit Plättchen und in der Stellentafel mit Ziffern. Zeichne die fehlenden Stellentafeln selbst.

1

H	Z	E		H	Z	E
●● ●● ●●	●● ●	●● ●●				

2

H	Z	E		H	Z	E

3

H	Z	E
3	5	2

4

H	Z	E
●●	●● ● ●●	●● ● ●●

5

6

H	Z	E
2	3	5

7

H	Z	E
●● ●		●● ● ●●

Unterschiedliche Zahldarstellungen koordinieren. Dabei genau auf die Stellenwerte achten.

9

Welche Zahlen?

1 Trage folgende Zahlen in die richtigen Felder ein:
315, 319, 322, 329, 331, 338, 343, 347, 351, 354, 359, 362, 365, 368, 372, 374, 376, 380, 386, 391, 395, 399.

301				305					
	312				316				320
		323	324			327			
			334						
341				345					350
	352				356				360
361						367			
							378		
								389	
									400

2 Trage folgende Zahlen in die richtigen Felder ein:
506, 510, 517, 519, 526, 531, 535, 538, 542, 547, 550, 552, 558, 561, 565, 569, 572, 577, 583, 586, 593.

501			504						
	512		514						
		523	524					529	
			534						540
			544	545					
			554		556				560
			564			567			
			574		576		578		
			584					589	
			594						600

Zahlen im Tausenderbuch lokalisieren. Dabei Struktur beachten.

Welche Zahlen?

3 Trage folgende Zahlen in die richtigen Felder ein:
803, 808, 811, 816, 822, 824, 829, 833, 839, 842, 848, 851, 854, 857, 858, 860, 863, 867, 869, 877, 888, 893, 899.

801				805					810
				815				819	
				825			828		
				835		837			
841				845	846				
				855					
			864	865					
		873		875					
	882			885					
891				895					900

4 Trage folgende Zahlen in die richtigen Felder ein:
905, 910, 912, 915, 918, 921, 924, 928, 935, 937, 940, 941, 942, 945, 948, 950, 952, 956, 958, 959, 962, 965, 967, 968, 971, 973, 975, 976, 978, 980, 982, 984, 986, 988, 990, 993, 996, 999.

901									
								919	
						927			
		933							
				955					
961								969	
		983							
									1000

Geldbeträge bestimmen

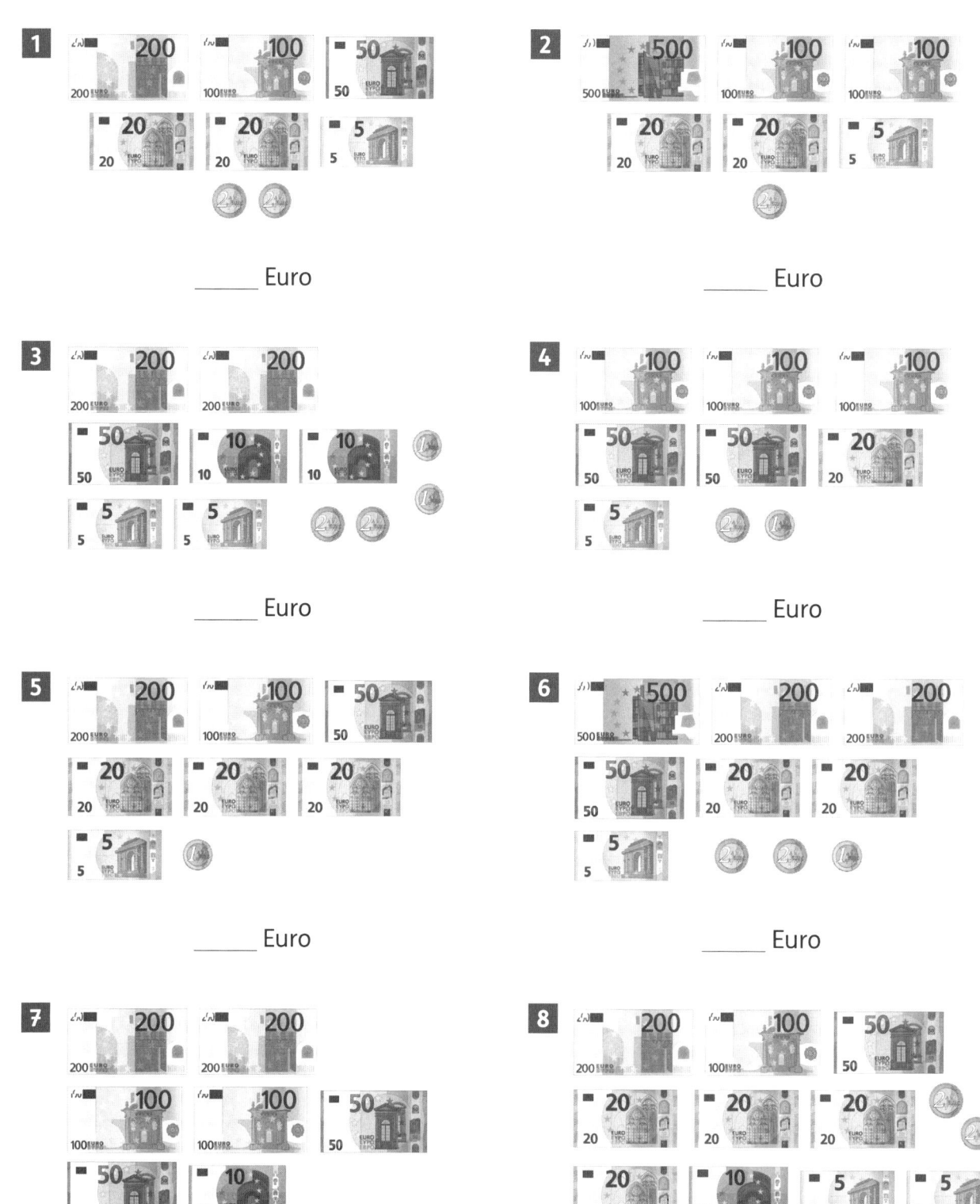

1

_____ Euro

2

_____ Euro

3

_____ Euro

4

_____ Euro

5

_____ Euro

6

_____ Euro

7

_____ Euro

8

_____ Euro

Scheine und Münzen geschickt zusammenfassen.

Zahlen am Rechenstrich ordnen

Trage die Zahlen am Rechenstrich in der richtigen Reihenfolge ungefähr ein.

1 335, 2̶1̶3̶, 4̶8̶9̶, 498, 1̶9̶6̶, 921, 7̶3̶9̶, 567, 6̶7̶5̶, 801

196   213   489   675

2 829, 289, 928, 298, 892, 982, 988, 898, 299, 288

_____

3 467, 7̶4̶6̶, 674, 7̶6̶4̶, 647, 476, 466, 677, 7̶6̶6̶, 644

_____

4 159, 591, 168, 465, 501, 2̶7̶3̶, 600, 586, 804, 408

_____

5 131, 311, 133, 313, 113, 331, 301, 103, 130, 310

_____

6 465, 356, 811, 7̶2̶0̶, 908, 931, 7̶9̶7̶, 654, 395, 4̶7̶3̶

_____

7 382, 541, 263, 5̶7̶0̶, 800, 699, 7̶0̶7̶, 472, 199, 99

_____

8 345, 435, 543, 354, 453, 534

_____

Es muss nur die Reihenfolge stimmen. Anders als beim Tausenderstrahl spielt die genaue Lage der Zahlen keine Rolle.

Zählen in Schritten

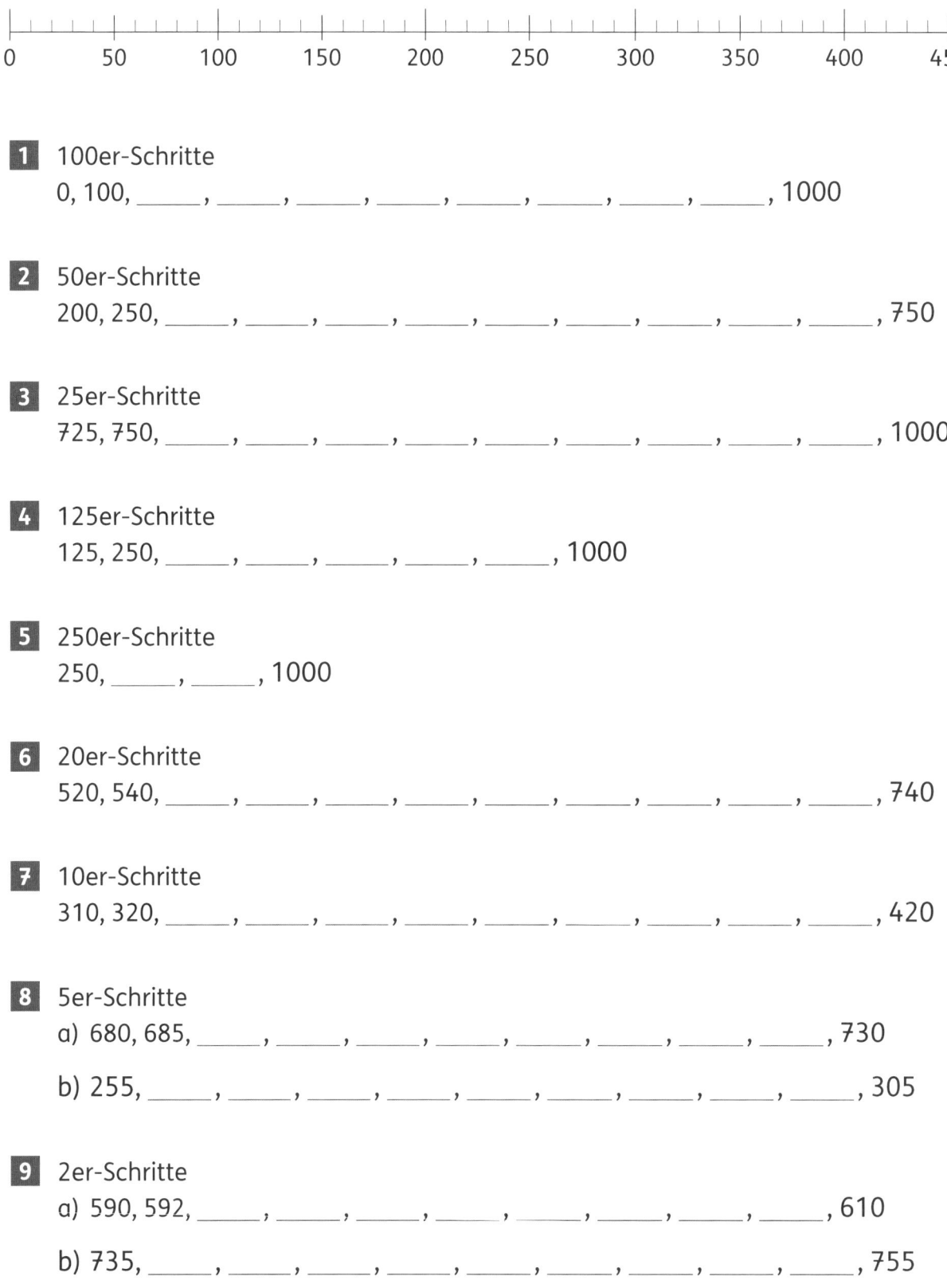

1 100er-Schritte

0, 100, _____, _____, _____, _____, _____, _____, _____, _____, 1000

2 50er-Schritte

200, 250, _____, _____, _____, _____, _____, _____, _____, _____, _____, 750

3 25er-Schritte

725, 750, _____, _____, _____, _____, _____, _____, _____, _____, _____, 1000

4 125er-Schritte

125, 250, _____, _____, _____, _____, _____, 1000

5 250er-Schritte

250, _____, _____, 1000

6 20er-Schritte

520, 540, _____, _____, _____, _____, _____, _____, _____, _____, _____, 740

7 10er-Schritte

310, 320, _____, _____, _____, _____, _____, _____, _____, _____, _____, 420

8 5er-Schritte

a) 680, 685, _____, _____, _____, _____, _____, _____, _____, _____, 730

b) 255, _____, _____, _____, _____, _____, _____, _____, _____, _____, 305

9 2er-Schritte

a) 590, 592, _____, _____, _____, _____, _____, _____, _____, _____, 610

b) 735, _____, _____, _____, _____, _____, _____, _____, _____, _____, 755

Schriftliche Grundlegung der Blitzrechenübung „Zählen in Schritten".

Ergänzen bis 1000

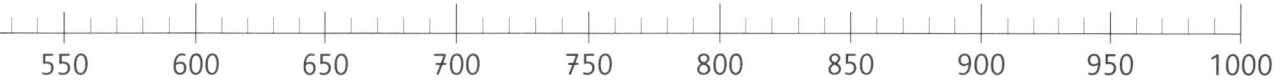

550	600	650	700	750	800	850	900	950	1000

1 a) 235 + _____ = 1000

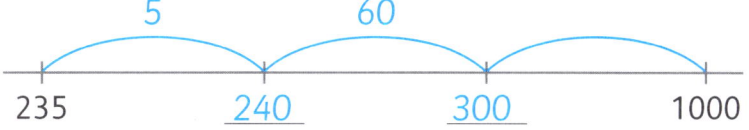

b) 768 + _____ = 1000

c) 407 + _____ = 1000

407   _____   _____   1000

2

a)
1000
980 +
880 +
780 +
680 +

b)
1000
999 +
899 +
799 +
599 +

c)
1000
950 +
750 +
650 +
550 +

d)
1000
909 +
709 +
509 +
409 +

3

a)
1000
400 +
410 +
460 +
463 +

b)
1000
465 +
565 +
665 +
765 +

c)
1000
536 +
546 +
556 +
566 +

d)
1000
760 +
761 +
771 +
772 +

4

a)
1000
700 +
683 +
681 +
679 +

b)
1000
675 +
657 +
765 +
756 +

c)
1000
973 +
937 +
739 +
397 +

d)
1000
999 +
888 +
777 +
666 +

1000 teilen

1 Kreise ein und rechne.

a)

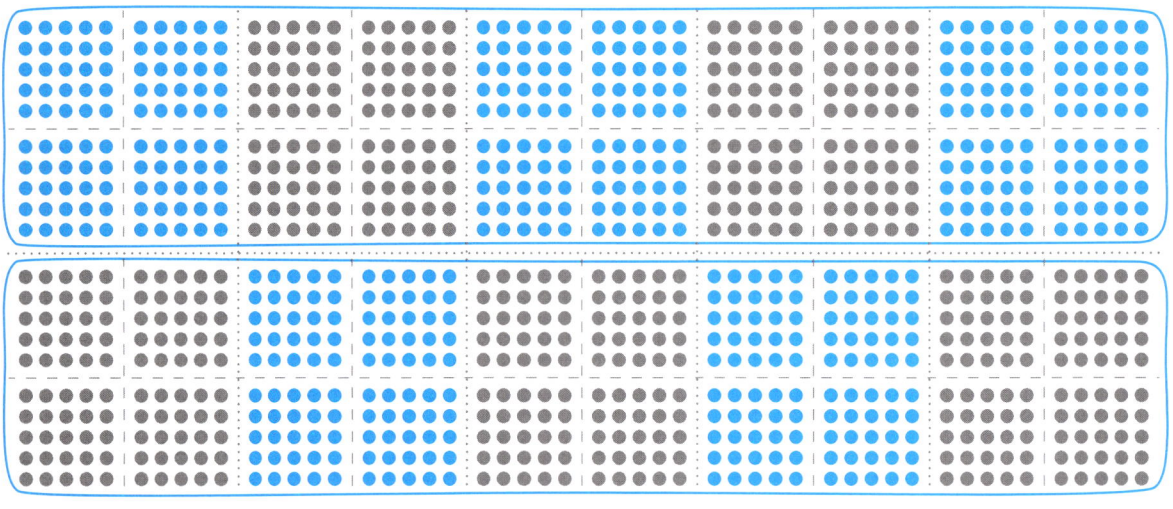

1000 = 2 mal ____

b)

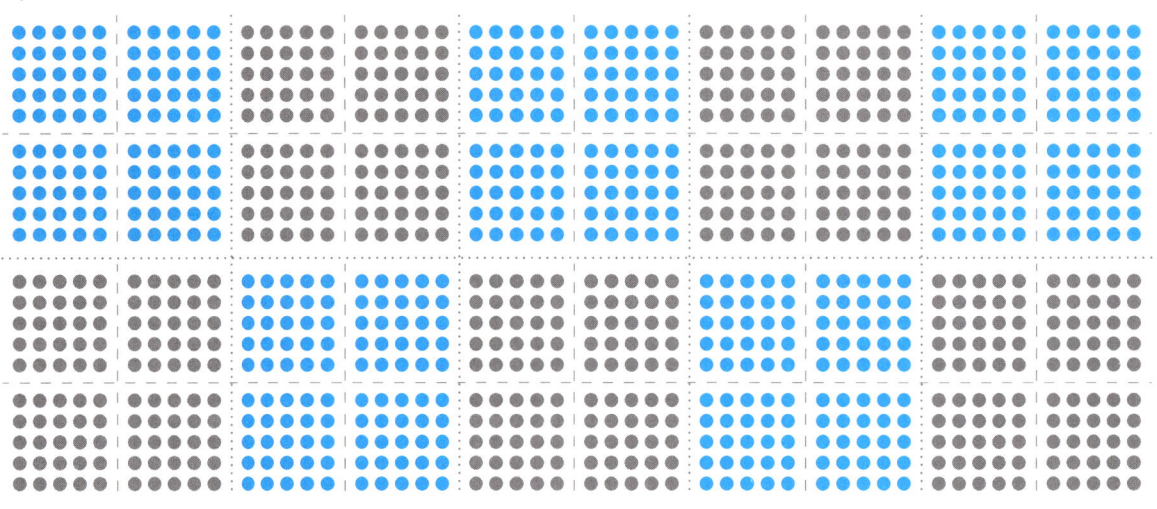

1000 = 5 mal ____

2 Überlege am Tausenderfeld und vergleiche mit den Ergebnissen von **1** .

a) 1000 = 10 mal ____

b) 1000 = 100 mal ____

c) 1000 = 20 mal ____

d) 1000 = 200 mal ____

Schriftliche Grundlegung der Blitzrechenübung „1000 teilen".

1000 teilen

3 Kreise ein und rechne.

a)

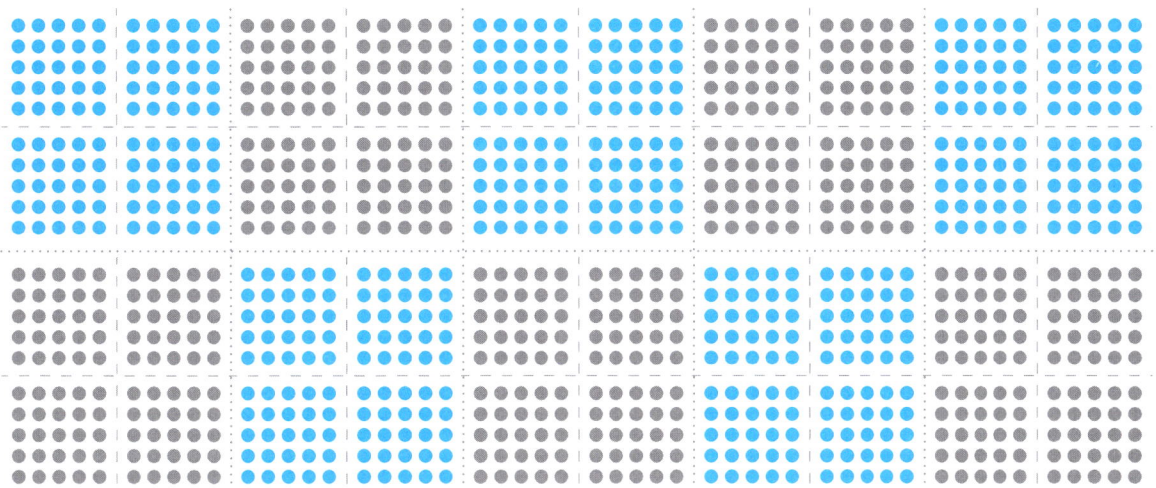

1000 = 4 mal ____

b)

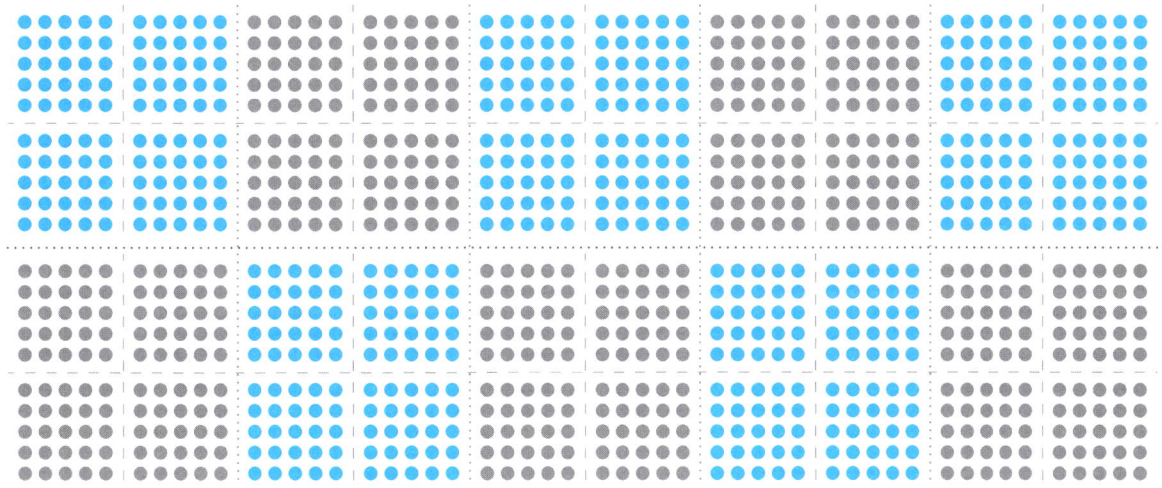

1000 = 8 mal ____

4 Überlege am Tausenderfeld und vergleiche mit den Ergebnissen von **1** bis **3**.

a) 1000 = 40 mal ____   b) 1000 = 50 mal ____

c) 1000 = 1000 mal ____   d) 1000 = 500 mal ____

Verdoppeln im Tausender

1
a) $8 + 8 = \underline{16}$
$80 + 80 = \underline{160}$

b) $7 + 7 = \underline{}$
$70 + 70 = \underline{}$

c) $9 + 9 = \underline{}$
$90 + 90 = \underline{}$

2
a) $5 + 5 = \underline{}$
$50 + 50 = \underline{}$
$500 + 500 = \underline{}$

b) $4 + 4 = \underline{}$
$40 + 40 = \underline{}$
$400 + 400 = \underline{}$

c) $6 + 6 = \underline{}$
$60 + 60 = \underline{}$
$600 + 600 = \underline{}$

3
a) $12 + 12 = \underline{}$
$120 + 120 = \underline{}$

b) $17 + 17 = \underline{}$
$170 + 170 = \underline{}$

c) $49 + 49 = \underline{}$
$490 + 490 = \underline{}$

4
a) $21 + 21 = \underline{}$
$210 + 210 = \underline{}$

b) $43 + 43 = \underline{}$
$430 + 430 = \underline{}$

c) $36 + 36 = \underline{}$
$360 + 360 = \underline{}$

5

Zahl	11	110	34	340	15	150	45	450	46	460
das Doppelte	22									

6

Zahl	50	150	250	350	450	440	430	420	410	400
das Doppelte										

7

Zahl	70	170	270	370	470	480	380	280	180	80
das Doppelte										

8

Zahl	100	90	200	190	300	290	400	390	500	490
das Doppelte										

9

Zahl	310	320	330	340	350	360	370	380	390	400
das Doppelte										

Schriftliche Grundlegung der Blitzrechenübung „Verdoppeln im Tausender".

Halbieren im Tausender

1 a) $60 = \underline{\ 30\ } + \underline{\ 30\ }$
    $600 = \underline{\ 300\ } + \underline{\ 300\ }$

   b) $100 = \underline{\hspace{1cm}} + \underline{\hspace{1cm}}$
    $1000 = \underline{\hspace{1cm}} + \underline{\hspace{1cm}}$

   c) $90 = \underline{\hspace{1cm}} + \underline{\hspace{1cm}}$
    $900 = \underline{\hspace{1cm}} + \underline{\hspace{1cm}}$

2 a) $50 = \underline{\hspace{1cm}} + \underline{\hspace{1cm}}$
    $500 = \underline{\hspace{1cm}} + \underline{\hspace{1cm}}$

   b) $46 = \underline{\hspace{1cm}} + \underline{\hspace{1cm}}$
    $460 = \underline{\hspace{1cm}} + \underline{\hspace{1cm}}$

   c) $34 = \underline{\hspace{1cm}} + \underline{\hspace{1cm}}$
    $340 = \underline{\hspace{1cm}} + \underline{\hspace{1cm}}$

3 a) $460 = \underline{\hspace{1cm}} + \underline{\hspace{1cm}}$
    $470 = \underline{\hspace{1cm}} + \underline{\hspace{1cm}}$
    $480 = \underline{\hspace{1cm}} + \underline{\hspace{1cm}}$

   b) $700 = \underline{\hspace{1cm}} + \underline{\hspace{1cm}}$
    $710 = \underline{\hspace{1cm}} + \underline{\hspace{1cm}}$
    $720 = \underline{\hspace{1cm}} + \underline{\hspace{1cm}}$

   c) $820 = \underline{\hspace{1cm}} + \underline{\hspace{1cm}}$
    $830 = \underline{\hspace{1cm}} + \underline{\hspace{1cm}}$
    $840 = \underline{\hspace{1cm}} + \underline{\hspace{1cm}}$

4 a) $130 = \underline{\hspace{1cm}} + \underline{\hspace{1cm}}$
    $230 = \underline{\hspace{1cm}} + \underline{\hspace{1cm}}$

   b) $310 = \underline{\hspace{1cm}} + \underline{\hspace{1cm}}$
    $320 = \underline{\hspace{1cm}} + \underline{\hspace{1cm}}$

   c) $210 = \underline{\hspace{1cm}} + \underline{\hspace{1cm}}$
    $120 = \underline{\hspace{1cm}} + \underline{\hspace{1cm}}$

5

Zahl	220	440	660	880	900	920	720	520	320	120
die Hälfte	110									

6

Zahl	160	360	560	760	960	940	740	540	340	140
die Hälfte										

7

Zahl	200	250	400	450	600	650	800	850	900	950
die Hälfte										

8

Zahl	1000	980	990	780	760	770	360	350	250	240
die Hälfte										

9

Zahl	960	860	760	660	560	460	360	260	160	60
die Hälfte										

Einfache Plusaufgaben

1 a)

47 + 5 = _____   47 + 50 = _____

b)    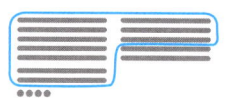

74 + 5 = _____   74 + 50 = _____

c)

62 + 4 = _____   62 + 40 = _____

d)

89 + 5 = _____   89 + 50 = _____

2 a)    b)    c)

138 + 6 = _____   138 + 60 = _____   138 + 600 = _____

3

7 + 3 = _____	70 + 30 = _____	9 + 4 = _____	90 + 40 = _____
67 + 3 = _____	470 + 30 = _____	89 + 4 = _____	690 + 40 = _____
367 + 3 = _____	475 + 30 = _____	789 + 4 = _____	790 + 40 = _____
467 + 3 = _____	875 + 30 = _____	989 + 4 = _____	793 + 40 = _____
487 + 3 = _____	879 + 30 = _____	979 + 4 = _____	796 + 40 = _____

4

8 + 3 = _____	80 + 30 = _____	9 + 5 = _____	90 + 50 = _____
58 + 3 = _____	580 + 30 = _____	69 + 5 = _____	490 + 50 = _____
258 + 3 = _____	780 + 30 = _____	269 + 5 = _____	790 + 50 = _____
458 + 3 = _____	785 + 30 = _____	469 + 5 = _____	793 + 50 = _____
478 + 3 = _____	885 + 30 = _____	489 + 5 = _____	493 + 50 = _____

5

8 + 5 = _____	80 + 50 = _____	9 + 8 = _____	90 + 80 = _____
68 + 5 = _____	280 + 50 = _____	69 + 8 = _____	590 + 80 = _____
668 + 5 = _____	285 + 50 = _____	269 + 8 = _____	591 + 80 = _____
468 + 5 = _____	685 + 50 = _____	469 + 8 = _____	595 + 80 = _____
448 + 5 = _____	680 + 50 = _____	459 + 8 = _____	795 + 80 = _____

Schriftliche Grundlegung der Blitzrechenübung „Einfache Plusaufgaben".

Einfache Plusaufgaben

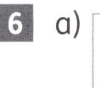

6 a)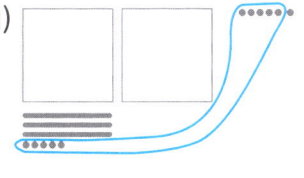

235 + 6 = _____

b)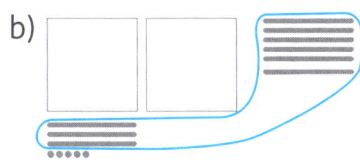

235 + 60 = _____

c)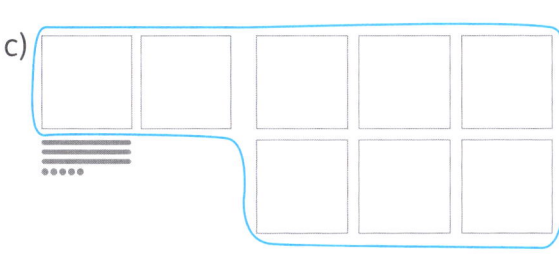

235 + 600 = _____

7 a)

146 + 8 = _____

b)

146 + 80 = _____

c)

146 + 800 = _____

8

95 + 6 = _____	821 + 70 = _____	90 + 70 = _____	444 + 4 = _____
795 + 6 = _____	271 + 80 = _____	490 + 70 = _____	444 + 40 = _____
976 + 5 = _____	721 + 80 = _____	470 + 90 = _____	444 + 400 = _____
679 + 50 = _____	172 + 8 = _____	740 + 90 = _____	444 + 7 = _____
697 + 60 = _____	217 + 80 = _____	790 + 40 = _____	444 + 70 = _____

9

560 + 70 = _____	156 + 7 = _____	732 + 80 = _____	802 + 8 = _____
670 + 50 = _____	615 + 7 = _____	372 + 80 = _____	802 + 80 = _____
570 + 60 = _____	716 + 5 = _____	382 + 70 = _____	208 + 2 = _____
650 + 70 = _____	167 + 5 = _____	832 + 80 = _____	208 + 20 = _____
750 + 60 = _____	517 + 6 = _____	783 + 20 = _____	288 + 20 = _____

10

376 + 4 = _____	148 + 8 = _____	437 + 5 = _____	659 + 3 = _____
376 + 40 = _____	148 + 80 = _____	437 + 50 = _____	659 + 30 = _____
376 + 400 = _____	148 + 800 = _____	437 + 500 = _____	659 + 300 = _____
375 + 5 = _____	159 + 7 = _____	237 + 50 = _____	695 + 30 = _____
375 + 50 = _____	159 + 70 = _____	237 + 500 = _____	695 + 300 = _____

Schriftliche Grundlegung der Blitzrechenübung „Einfache Plusaufgaben".

Einfache Minusaufgaben

1 a)

26 Einer – 3 Einer

26 – 3 = _____

b)

26 Zehner – 3 Zehner

260 – 30 = _____

c)

26 Zehner – 3 Einer

260 – 3 = _____

2 a)

35 Einer – 6 Einer

35 – 6 = _____

b)

35 Zehner – 6 Zehner

350 – 60 = _____

c)

35 Zehner – 6 Einer

350 – 6 = _____

3

10 – 3 = _____	100 – 30 = _____	13 – 4 = _____	130 – 40 = _____
510 – 3 = _____	600 – 30 = _____	83 – 4 = _____	530 – 40 = _____
540 – 3 = _____	605 – 30 = _____	183 – 4 = _____	536 – 40 = _____
580 – 3 = _____	705 – 30 = _____	483 – 4 = _____	636 – 40 = _____
780 – 3 = _____	709 – 30 = _____	493 – 4 = _____	639 – 40 = _____

4

11 – 3 = _____	110 – 30 = _____	14 – 5 = _____	140 – 50 = _____
71 – 3 = _____	310 – 30 = _____	74 – 5 = _____	740 – 50 = _____
271 – 3 = _____	315 – 30 = _____	274 – 5 = _____	746 – 50 = _____
471 – 3 = _____	615 – 30 = _____	264 – 5 = _____	546 – 50 = _____
491 – 3 = _____	619 – 30 = _____	464 – 5 = _____	548 – 50 = _____

5

13 – 7 = _____	130 – 70 = _____	17 – 8 = _____	170 – 80 = _____
83 – 7 = _____	430 – 70 = _____	67 – 8 = _____	670 – 80 = _____
283 – 7 = _____	436 – 70 = _____	267 – 8 = _____	675 – 80 = _____
293 – 7 = _____	536 – 70 = _____	467 – 8 = _____	775 – 80 = _____
493 – 7 = _____	539 – 70 = _____	457 – 8 = _____	779 – 80 = _____

Schriftliche Grundlegung der Blitzrechenübung „Einfache Minusaufgaben".

Einfache Minusaufgaben

6 a)

360 – 200 = _____

b)

360 – 20 = _____

c)

360 – 2 = _____

d)

230 – 200 = _____

e)

230 – 20 = _____

f)

230 – 2 = _____

7 a) 85 –   3 = _____
85 – 30 = _____
850 –   3 = _____
850 – 30 = _____
850 – 300 = _____

b) 78 –   2 = _____
78 – 20 = _____
780 –   2 = _____
780 – 20 = _____
780 – 200 = _____

c) 62 –   4 = _____
62 – 40 = _____
620 –   4 = _____
620 – 40 = _____
620 – 400 = _____

8
101 –   6 = _____
801 –   6 = _____
881 –   5 = _____
729 – 50 = _____
757 – 60 = _____

891 – 70 = _____
351 – 80 = _____
801 – 80 = _____
180 –   8 = _____
297 – 80 = _____

160 – 70 = _____
560 – 70 = _____
560 – 90 = _____
810 – 90 = _____
830 – 40 = _____

448 –   4 = _____
484 – 40 = _____
844 – 400 = _____
451 –   7 = _____
514 – 70 = _____

9
630 – 70 = _____
720 – 50 = _____
630 – 60 = _____
720 – 70 = _____
810 – 60 = _____

163 – 7 = _____
622 – 7 = _____
721 – 5 = _____
172 – 5 = _____
523 – 6 = _____

812 – 80 = _____
452 – 80 = _____
452 – 70 = _____
912 – 80 = _____
803 – 20 = _____

810 –   8 = _____
882 – 80 = _____
210 –   2 = _____
228 – 20 = _____
308 – 20 = _____

10
380 –   4 = _____
416 – 40 = _____
776 – 400 = _____
380 –   5 = _____
425 – 50 = _____

156 –   8 = _____
228 – 80 = _____
948 – 800 = _____
266 –   7 = _____
229 – 70 = _____

442 –   5 = _____
487 – 50 = _____
937 – 500 = _____
287 – 50 = _____
737 – 500 = _____

662 –   3 = _____
689 – 30 = _____
959 – 300 = _____
725 – 30 = _____
995 – 300 = _____

Einfache Plus- und Minusaufgaben

1 a)

$$\overbrace{\quad 3 \quad}\overbrace{\quad 3 \quad}$$

_____ 623 _____

$623 + 3 =$ _____
$623 - 3 =$ _____

b)

$$\overbrace{\quad 30 \quad}\overbrace{\quad 30 \quad}$$

_____ 623 _____

$623 + 30 =$ _____
$623 - 30 =$ _____

c)

$$\overbrace{\quad 300 \quad}\overbrace{\quad 300 \quad}$$

_____ 623 _____

$623 + 300 =$ _____
$623 - 300 =$ _____

2 a)

$$\overbrace{\quad 6 \quad}\overbrace{\quad 6 \quad}$$

_____ 725 _____

$725 + 6 =$ _____
$725 - 6 =$ _____

b)

$$\overbrace{\quad 60 \quad}\overbrace{\quad 60 \quad}$$

_____ 725 _____

$725 + 60 =$ _____
$725 - 60 =$ _____

c)

$$\overbrace{\quad 600 \quad}\overbrace{\quad 600 \quad}$$

_____ 725 _____

$725 + 600 =$ _____
$725 - 600 =$ _____

3

$625 + 70 =$ _____	$841 + 40 =$ _____	$343 - 60 =$ _____	$546 - 10 =$ _____
$625 - 70 =$ _____	$841 - 40 =$ _____	$343 + 60 =$ _____	$546 + 10 =$ _____
$725 - 70 =$ _____	$841 - 400 =$ _____	$343 + 600 =$ _____	$546 + 100 =$ _____

4

$299 + 3 =$ _____	$266 + 200 =$ _____	$495 + 500 =$ _____	$632 - 80 =$ _____
$299 - 3 =$ _____	$266 - 200 =$ _____	$495 - 50 =$ _____	$632 + 80 =$ _____
$299 + 30 =$ _____	$266 - 20 =$ _____	$495 + 50 =$ _____	$632 + 8 =$ _____
$299 - 30 =$ _____	$266 + 20 =$ _____	$495 - 5 =$ _____	$632 - 8 =$ _____
$299 + 300 =$ _____	$266 + 2 =$ _____	$495 + 5 =$ _____	$623 - 80 =$ _____

5

$156 - 70 =$ _____	$617 - 200 =$ _____	$13 - 6 =$ _____	$437 + 9 =$ _____
$156 - 9 =$ _____	$342 + 300 =$ _____	$213 - 6 =$ _____	$437 + 90 =$ _____
$156 + 7 =$ _____	$342 - 60 =$ _____	$213 - 60 =$ _____	$437 - 90 =$ _____
$156 + 70 =$ _____	$342 + 60 =$ _____	$213 + 80 =$ _____	$437 - 300 =$ _____
$156 + 700 =$ _____	$342 - 6 =$ _____	$263 + 80 =$ _____	$437 + 7 =$ _____

6

$912 - 20 =$ _____	$260 - 9 =$ _____	$111 - 3 =$ _____	$121 + 500 =$ _____
$892 - 200 =$ _____	$651 + 300 =$ _____	$111 + 300 =$ _____	$211 - 5 =$ _____
$298 + 100 =$ _____	$851 - 60 =$ _____	$222 - 60 =$ _____	$112 - 50 =$ _____
$298 + 7 =$ _____	$721 - 6 =$ _____	$333 + 70 =$ _____	$712 - 50 =$ _____
$405 - 60 =$ _____	$127 + 200 =$ _____	$444 + 9 =$ _____	$217 + 5 =$ _____

Schriftliche Grundlegung der Blitzrechenübung „Einfache Plus- und Minusaufgaben".

Ergänzungsaufgaben

1 a)

$$560 + \underline{\quad} = 610$$

b)

$$552 + \underline{\quad} = 560$$

c)

$$465 + \underline{\quad} = 515$$

2 a)

$$547 + \underline{\quad} = 627$$

b)

$$271 + \underline{\quad} = 321$$

c)

$$731 + \underline{\quad} = 801$$

3

$5 + \underline{\quad} = 11$	$6 + \underline{\quad} = 11$	$9 + \underline{\quad} = 13$	$7 + \underline{\quad} = 13$
$65 + \underline{\quad} = 74$	$26 + \underline{\quad} = 31$	$69 + \underline{\quad} = 73$	$27 + \underline{\quad} = 33$
$274 + \underline{\quad} = 324$	$431 + \underline{\quad} = 438$	$273 + \underline{\quad} = 281$	$433 + \underline{\quad} = 442$
$324 + \underline{\quad} = 332$	$738 + \underline{\quad} = 746$	$281 + \underline{\quad} = 301$	$542 + \underline{\quad} = 612$
$332 + \underline{\quad} = 402$	$746 + \underline{\quad} = 752$	$301 + \underline{\quad} = 310$	$612 + \underline{\quad} = 622$

4

$7 + \underline{\quad} = 11$	$4 + \underline{\quad} = 12$	$5 + \underline{\quad} = 13$	$8 + \underline{\quad} = 13$
$67 + \underline{\quad} = 74$	$34 + \underline{\quad} = 44$	$75 + \underline{\quad} = 83$	$48 + \underline{\quad} = 53$
$874 + \underline{\quad} = 881$	$544 + \underline{\quad} = 614$	$483 + \underline{\quad} = 543$	$153 + \underline{\quad} = 233$
$881 + \underline{\quad} = 921$	$614 + \underline{\quad} = 622$	$543 + \underline{\quad} = 551$	$233 + \underline{\quad} = 242$
$921 + \underline{\quad} = 930$	$622 + \underline{\quad} = 631$	$551 + \underline{\quad} = 641$	$242 + \underline{\quad} = 262$

5

$9 + \underline{\quad} = 14$	$3 + \underline{\quad} = 11$	$6 + \underline{\quad} = 12$	$4 + \underline{\quad} = 15$
$89 + \underline{\quad} = 94$	$43 + \underline{\quad} = 51$	$92 + \underline{\quad} = 97$	$35 + \underline{\quad} = 42$
$194 + \underline{\quad} = 204$	$451 + \underline{\quad} = 531$	$297 + \underline{\quad} = 347$	$642 + \underline{\quad} = 712$
$204 + \underline{\quad} = 211$	$531 + \underline{\quad} = 601$	$347 + \underline{\quad} = 353$	$712 + \underline{\quad} = 720$
$211 + \underline{\quad} = 301$	$601 + \underline{\quad} = 610$	$353 + \underline{\quad} = 403$	$720 + \underline{\quad} = 800$

6

$8 + \underline{\quad} = 12$	$2 + \underline{\quad} = 13$	$5 + \underline{\quad} = 12$	$3 + \underline{\quad} = 12$
$52 + \underline{\quad} = 61$	$32 + \underline{\quad} = 36$	$42 + \underline{\quad} = 48$	$72 + \underline{\quad} = 77$
$461 + \underline{\quad} = 501$	$836 + \underline{\quad} = 842$	$348 + \underline{\quad} = 356$	$477 + \underline{\quad} = 481$
$501 + \underline{\quad} = 503$	$842 + \underline{\quad} = 902$	$356 + \underline{\quad} = 416$	$481 + \underline{\quad} = 521$
$503 + \underline{\quad} = 512$	$902 + \underline{\quad} = 911$	$416 + \underline{\quad} = 424$	$521 + \underline{\quad} = 526$

Vorbereitung der schriftlichen Subtraktion (Ergänzungsverfahren).

Einmaleins am Malkreuz

1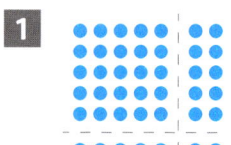

$6 \cdot 7 = \underline{42}$

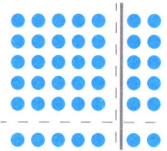

·	5	2
6	30	12

$30 + 12 = 42$

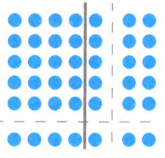

·	4	3
6		

____ + ____ = ____

2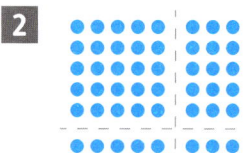

$6 \cdot 8 = \underline{}$

·	5	3
6		

____ + ____ = ____

·	4	4
6		

____ + ____ = ____

3 $8 \cdot 9 = \underline{}$

·	4	5
8		

____

·	6	3
8		

____

4 $9 \cdot 7 = \underline{}$

·	5	2
9		

____

·	6	1
9		

____

5 $5 \cdot 9 = \underline{}$

·	5	4
5		

____

·	7	2
5		

____

Einführende Übungen zur Verwendung des Malkreuzes. Wiederholung des Einmaleins.

Einmaleins am Malkreuz

1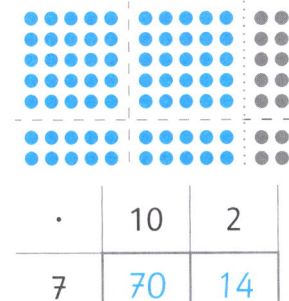

·	10	2
7	70	14

7 · 12 = __84__

2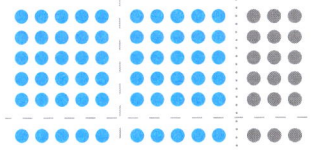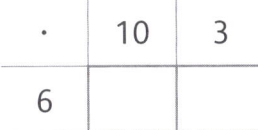

·	10	3
6		

6 · 13 = _____

3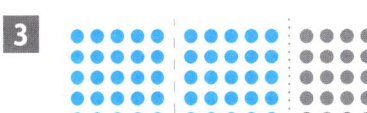

·	10	4
5		

5 · 14 = _____

4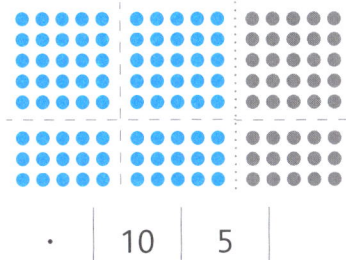

·	10	5
8		

8 · 15 = _____

5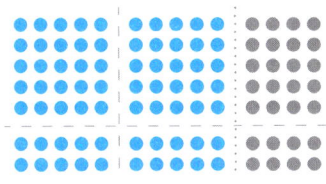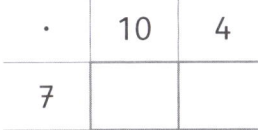

·	10	4
7		

7 · 14 = _____

6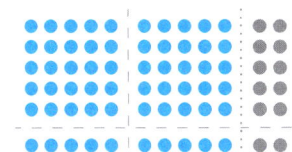

·	10	2
6		

6 · 12 = _____

7

·	10	7
5		

5 · 17 = _____

8

·	10	5
7		

7 · 15 = _____

9

·	10	3
8		

8 · 13 = _____

10

·	10	5
5		

5 · 15 = _____

11

·	10	8
6		

6 · 18 = _____

12

·	10	6
8		

8 · 16 = _____

13

·	10	2
4		

4 · 12 = _____

14

·	10	2
9		

9 · 12 = _____

15

·	10	8
3		

3 · 18 = _____

Einführende Übungen zur Verwendung des Malkreuzes. Wiederholung des Einmaleins.

Mal 10 / 10 mal

1 Überlege an der Stellentafel mit Plättchen und mit Ziffern.

a)

H	Z	E
	5	8

H	Z	E
	⠇	⣿

·10 →

H	Z	E
	⠇	⣿	

H	Z	E
5	8	0

b)

H	Z	E
	3	6

H	Z	E
	⠒	⠿

·10 →

H	Z	E

H	Z	E

c)

H	Z	E
	4	7

H	Z	E

·10 →

H	Z	E

H	Z	E

d)

H	Z	E
	1	2

H	Z	E

·10 →

H	Z	E

H	Z	E

2

a)
$3 \cdot 10 =$ _____
$10 \cdot 10 =$ _____
$13 \cdot 10 =$ _____
$23 \cdot 10 =$ _____
$32 \cdot 10 =$ _____

b)
$4 \cdot 10 =$ _____
$30 \cdot 10 =$ _____
$34 \cdot 10 =$ _____
$44 \cdot 10 =$ _____
$54 \cdot 10 =$ _____

c)
$8 \cdot 10 =$ _____
$40 \cdot 10 =$ _____
$48 \cdot 10 =$ _____
$49 \cdot 10 =$ _____
$50 \cdot 10 =$ _____

d)
$10 \cdot 10 =$ _____
$20 \cdot 10 =$ _____
$30 \cdot 10 =$ _____
$50 \cdot 10 =$ _____
$70 \cdot 10 =$ _____

3

a)
$10 \cdot 78 =$ _____
$10 \cdot 79 =$ _____
$10 \cdot 80 =$ _____
$10 \cdot 81 =$ _____
$10 \cdot 82 =$ _____

b)
$10 \cdot 24 =$ _____
$10 \cdot 42 =$ _____
$10 \cdot 84 =$ _____
$10 \cdot 46 =$ _____
$10 \cdot 50 =$ _____

c)
$10 \cdot 2 =$ _____
$10 \cdot 4 =$ _____
$10 \cdot 16 =$ _____
$10 \cdot 32 =$ _____
$10 \cdot 64 =$ _____

d)
$8 \cdot 10 =$ _____
$16 \cdot 10 =$ _____
$24 \cdot 10 =$ _____
$32 \cdot 10 =$ _____
$40 \cdot 10 =$ _____

4

a)
$11 \cdot 10 =$ _____
$10 \cdot 11 =$ _____
$22 \cdot 10 =$ _____
$10 \cdot 22 =$ _____
$10 \cdot 44 =$ _____

b)
$8 \cdot 10 =$ _____
$80 \cdot 10 =$ _____
$10 \cdot 8 =$ _____
$10 \cdot 80 =$ _____
$86 \cdot 10 =$ _____

c)
$9 \cdot 10 =$ _____
$90 \cdot 10 =$ _____
$10 \cdot 9 =$ _____
$10 \cdot 90 =$ _____
$10 \cdot 93 =$ _____

d)
$37 \cdot 10 =$ _____
$46 \cdot 10 =$ _____
$10 \cdot 55 =$ _____
$10 \cdot 64 =$ _____
$64 \cdot 10 =$ _____

Schriftliche Grundlegung der Blitzrechenübung „Mal 10".

Durch 10

1 Überlege an der Stellentafel mit Plättchen und mit Ziffern.

a)

H	Z	E
9	6	0

H	Z	E
::: ·	:::	

:10 →

H	Z	E
	::: ·	:::

H	Z	E
	9	6

b)

H	Z	E
4	1	0

H	Z	E
::	·	

:10 →

H	Z	E

H	Z	E

c)

H	Z	E
2	5	0

H	Z	E

:10 →

H	Z	E

H	Z	E

d)

H	Z	E
5	3	0

H	Z	E

:10 →

H	Z	E

H	Z	E

2
a)
$60 : 10 = \_\_\_$
$120 : 10 = \_\_\_$
$240 : 10 = \_\_\_$
$480 : 10 = \_\_\_$
$840 : 10 = \_\_\_$

b)
$1000 : 10 = \_\_\_$
$900 : 10 = \_\_\_$
$920 : 10 = \_\_\_$
$720 : 10 = \_\_\_$
$20 : 10 = \_\_\_$

c)
$500 : 10 = \_\_\_$
$50 : 10 = \_\_\_$
$550 : 10 = \_\_\_$
$600 : 10 = \_\_\_$
$10 : 10 = \_\_\_$

d)
$230 : 10 = \_\_\_$
$460 : 10 = \_\_\_$
$640 : 10 = \_\_\_$
$320 : 10 = \_\_\_$
$40 : 10 = \_\_\_$

3
a)
$160 : 10 = \_\_\_$
$360 : 10 = \_\_\_$
$630 : 10 = \_\_\_$
$30 : 10 = \_\_\_$
$300 : 10 = \_\_\_$

b)
$70 : 10 = \_\_\_$
$270 : 10 = \_\_\_$
$720 : 10 = \_\_\_$
$710 : 10 = \_\_\_$
$170 : 10 = \_\_\_$

c)
$800 : 10 = \_\_\_$
$80 : 10 = \_\_\_$
$400 : 10 = \_\_\_$
$40 : 10 = \_\_\_$
$440 : 10 = \_\_\_$

d)
$680 : 10 = \_\_\_$
$340 : 10 = \_\_\_$
$70 : 10 = \_\_\_$
$670 : 10 = \_\_\_$
$760 : 10 = \_\_\_$

4
a)
$150 : 10 = \_\_\_$
$250 : 10 = \_\_\_$
$350 : 10 = \_\_\_$
$530 : 10 = \_\_\_$
$520 : 10 = \_\_\_$

b)
$280 : 10 = \_\_\_$
$140 : 10 = \_\_\_$
$70 : 10 = \_\_\_$
$700 : 10 = \_\_\_$
$770 : 10 = \_\_\_$

c)
$160 : 10 = \_\_\_$
$610 : 10 = \_\_\_$
$10 : 10 = \_\_\_$
$60 : 10 = \_\_\_$
$960 : 10 = \_\_\_$

d)
$140 : 10 = \_\_\_$
$280 : 10 = \_\_\_$
$560 : 10 = \_\_\_$
$650 : 10 = \_\_\_$
$820 : 10 = \_\_\_$

Zehner-Einmaleins

Rechne mit Zehnern wie mit Einern.

1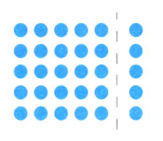

$2 \cdot 7 =$ <u>14</u> $2 \cdot 7$ Zehner = <u>14</u> Zehner $2 \cdot 70 =$ <u>140</u>

2

$5 \cdot 6 =$ _____ $5 \cdot 6$ Zehner = _____ Zehner $5 \cdot 60 =$ _____

3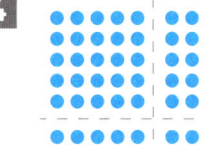

$4 \cdot 5 =$ _____ $4 \cdot 5$ Zehner = _____ Zehner $4 \cdot 50 =$ _____

4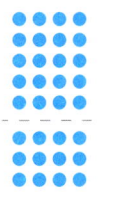

$6 \cdot 7 =$ _____ $6 \cdot 7$ Zehner = _____ Zehner $6 \cdot 70 =$ _____

5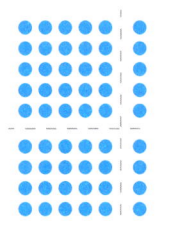

$8 \cdot 4 =$ _____ $8 \cdot 4$ Zehner = _____ Zehner $8 \cdot 40 =$ _____

6

$9 \cdot 6 =$ _____ $9 \cdot 6$ Zehner = _____ Zehner $9 \cdot 60 =$ _____

Schriftliche Grundlegung der Blitzrechenübung „Zehner-Einmaleins" unter Bezug auf das Einmaleins.

Zehner-Einmaleins auch umgekehrt

1 a)

·	5		·	50		·	5
9			9			90	

b)

·	
3	270

·	
30	270

2 a)

·	5
90	

$90 \cdot 5 =$ _____
$5 \cdot 90 =$ _____
$450 : 5 =$ _____
$450 : 90 =$ _____

b)

·	80
5	

$5 \cdot 80 =$ _____

_____

_____

_____

3 a)

·	
3	270

$3 \cdot$ _____ 270
_____ $\cdot\ 3\quad 270$
$270 : 3 =$ _____
$270 :$ _____ $=\ 3$

b)

·	
7	420

$7 \cdot$ _____ 420
_____ $\cdot\ 7\quad 420$
$420 : 7 =$ _____
$420 :$ _____ $=\ 7$

4
a)
$6 \cdot\ 8 =$ _____
$6 \cdot 80 =$ _____
$60 \cdot\ 8 =$ _____
$480 :\ 8 =$ _____
$480 : 80 =$ _____

b)
$4 \cdot\ 6 =$ _____
$4 \cdot 60 =$ _____
$40 \cdot\ 6 =$ _____
$240 :\ 6 =$ _____
$240 : 60 =$ _____

c)
$7 \cdot\ 4 =$ _____
$7 \cdot 40 =$ _____
$70 \cdot\ 4 =$ _____
$280 :\ 4 =$ _____
$280 : 40 =$ _____

d)
$7 \cdot\ 9 =$ _____
$7 \cdot 90 =$ _____
$90 \cdot\ 7 =$ _____
$630 :\ 7 =$ _____
$630 : 70 =$ _____

5
a)
$4 \cdot\ 9 =$ _____
$4 \cdot 90 =$ _____
$40 \cdot\ 9 =$ _____
$360 :\ 9 =$ _____
$360 : 90 =$ _____

b)
$9 \cdot\ 8 =$ _____
$9 \cdot 80 =$ _____
$90 \cdot\ 8 =$ _____
$720 :\ 8 =$ _____
$720 : 80 =$ _____

c)
$5 \cdot\ 8 =$ _____
$5 \cdot 80 =$ _____
$50 \cdot\ 8 =$ _____
$400 :\ 8 =$ _____
$400 : 80 =$ _____

d)
$8 \cdot\ 4 =$ _____
$8 \cdot 40 =$ _____
$80 \cdot\ 4 =$ _____
$320 :\ 4 =$ _____
$320 : 40 =$ _____

6
a)
$4 \cdot\ 8 =$ _____
$4 \cdot 80 =$ _____
$40 \cdot\ 8 =$ _____
$320 :\ 8 =$ _____
$320 : 80 =$ _____

b)
$7 \cdot\ 5 =$ _____
$7 \cdot 50 =$ _____
$70 \cdot\ 5 =$ _____
$350 :\ 5 =$ _____
$350 : 50 =$ _____

c)
$4 \cdot\ 7 =$ _____
$4 \cdot 70 =$ _____
$40 \cdot\ 7 =$ _____
$280 :\ 7 =$ _____
$280 : 70 =$ _____

d)
$6 \cdot\ 3 =$ _____
$6 \cdot 30 =$ _____
$60 \cdot\ 3 =$ _____
$180 :\ 3 =$ _____
$180 : 30 =$ _____

Schriftliche Grundlegung der Blitzrechenübung „Zehner-Einmaleins auch umgekehrt" unter Bezug auf das Einmaleins.

31

Zehner-Einmaleins auch umgekehrt

6 a) $3 \cdot 4 =$ _____ b) $3 \cdot 9 =$ _____ c) $7 \cdot 8 =$ _____ d) $5 \cdot 3 =$ _____

 $3 \cdot 40 =$ _____ $3 \cdot 90 =$ _____ $7 \cdot 80 =$ _____ $5 \cdot 30 =$ _____

 $30 \cdot 4 =$ _____ $30 \cdot 9 =$ _____ $70 \cdot 8 =$ _____ $50 \cdot 3 =$ _____

 $120 : 4 =$ _____ $270 : 9 =$ _____ $560 : 8 =$ _____ $150 : 3 =$ _____

 $120 : 40 =$ _____ $270 : 90 =$ _____ $560 : 80 =$ _____ $150 : 30 =$ _____

7 a) $8 \cdot 6 =$ _____ b) $9 \cdot 9 =$ _____ c) $7 \cdot 6 =$ _____ d) $4 \cdot 4 =$ _____

 $8 \cdot 60 =$ _____ $9 \cdot 90 =$ _____ $7 \cdot 60 =$ _____ $4 \cdot 40 =$ _____

 $80 \cdot 6 =$ _____ $90 \cdot 9 =$ _____ $70 \cdot 6 =$ _____ $40 \cdot 4 =$ _____

 $480 : 6 =$ _____ $810 : 9 =$ _____ $420 : 6 =$ _____ $160 : 4 =$ _____

 $480 : 60 =$ _____ $810 : 90 =$ _____ $420 : 60 =$ _____ $160 : 40 =$ _____

8 a) $5 \cdot 9 =$ _____ b) $4 \cdot 6 =$ _____ c) $7 \cdot 3 =$ _____ d) $9 \cdot 7 =$ _____

 $5 \cdot 90 =$ _____ $4 \cdot 60 =$ _____ $7 \cdot 30 =$ _____ $9 \cdot 70 =$ _____

 $50 \cdot 9 =$ _____ $40 \cdot 6 =$ _____ $70 \cdot 3 =$ _____ $90 \cdot 7 =$ _____

 $450 : 9 =$ _____ $240 : 6 =$ _____ $210 : 3 =$ _____ $360 : 7 =$ _____

 $450 : 90 =$ _____ $240 : 60 =$ _____ $210 : 30 =$ _____ $630 : 70 =$ _____

9 a) $35 : 7 =$ _____ b) $54 : 6 =$ _____ c) $28 : 4 =$ _____ d) $32 : 8 =$ _____

 $350 : 7 =$ _____ $540 : 6 =$ _____ $280 : 4 =$ _____ $320 : 8 =$ _____

 $350 : 70 =$ _____ $540 : 60 =$ _____ $280 : 40 =$ _____ $320 : 80 =$ _____

 $350 : 5 =$ _____ $540 : 9 =$ _____ $280 : 7 =$ _____ $320 : 4 =$ _____

 $350 : 50 =$ _____ $540 : 90 =$ _____ $280 : 70 =$ _____ $320 : 40 =$ _____

10 a) $64 : 8 =$ _____ b) $48 : 8 =$ _____ c) $72 : 8 =$ _____ d) $45 : 5 =$ _____

 $640 : 8 =$ _____ $480 : 8 =$ _____ $720 : 8 =$ _____ $450 : 5 =$ _____

 $640 : 80 =$ _____ $480 : 80 =$ _____ $720 : 80 =$ _____ $450 : 50 =$ _____

 $320 : 80 =$ _____ $480 : 6 =$ _____ $720 : 9 =$ _____ $450 : 9 =$ _____

 $320 : 8 =$ _____ $480 : 60 =$ _____ $720 : 90 =$ _____ $450 : 90 =$ _____

Schriftliche Grundlegung der Blitzrechenübung „Zehner-Einmaleins auch umgekehrt" unter Bezug auf das Einmaleins.